22 Novembre 1883.

V

SOCIÉTÉ DES MARBRES ET BRONZES ARTISTIQUES DE PARIS
EN LIQUIDATION

PREMIÈRE VENTE
Les Jeudi 22 et Vendredi 23 Novembre 1883, à 2 heures
A L'HOTEL DROUOT, SALLE N° 1

BEAUX BRONZES D'ART ET D'AMEUBLEMENT

ÉMAUX CLOISONNÉS

MARBRES

Par MM. Clésinger et Falguière

TABLEAUX

EXPOSITION PUBLIQUE
Le Mercredi 21 Novembre 1883, de 1 heure 1/2 à 5 heures.

Me ESCRIBE	M. G. SERVANT ✠
COMMISSre-PRISEUR	EXPERT
Rue de Hanovre, n° 6	Rue de Saintonge, n° 61

PARIS — 1883

IMPRIMERIE
Vᵉ RENOU, MAULDE & COCK
Rue de Rivoli, 144

SOCIÉTÉ DES MARBRES ET BRONZES ARTISTIQUES DE PARIS
EN LIQUIDATION

PREMIÈRE VENTE

Les Jeudi 22 et Vendredi 23 Novembre 1883, à 2 heures

A L'HOTEL DROUOT, SALLE N° 1

BEAUX

BRONZES D'ART

ET

D'AMEUBLEMENT

Statues, Statuettes, Groupes, Bustes, Garnitures de cheminées
Miroirs, Colonnes, etc.
Lustres, Lampadaires, Torchères, Bras et Lampes, Porte-Bouquets
Coupes, Baguiers, Encriers, etc.

ÉMAUX CLOISONNÉS

JARDINIÈRES, GUÉRIDON, FLAMBEAUX, CANDÉLABRES, COUPES, ETC.

MARBRES

STATUES, STATUETTES ET BUSTES

Par MM. Clésinger et Falguière

TABLEAUX

EXPOSITION PUBLIQUE

Le Mercredi 21 Novembre 1883, de 1 heure 1/2 à 5 heures.

Mᵉ ESCRIBE	**M. G. SERVANT ✻**
COMMISSAIRE-PRISEUR	EXPERT
Rue de Hanovre, n° 6	Rue de Saintonge, n° 61

PARIS — 1883

CONDITIONS DE LA VENTE

Elle sera faite au comptant.

Les Acquéreurs paieront, en sus des adjudications, CINQ CENTIMES PAR FRANC, applicables aux frais.

Aucune réclamation ne sera admise une fois l'adjudication prononcée.

DÉSIGNATION

MARBRES

STATUES, STATUETTES ET BUSTES

CLÉSINGER

1 — Une Statuette **Danseuse au Tambourin.**

Grandeur demi-nature.

CLÉSINGER

2 — Un Groupe **Taureau romain.**

Marbre rouge.

Grandeur un tiers nature.

CLÉSINGER

3 — Un Groupe **Hibou** et **Tortue.**
Grandeur nature.

CLÉSINGER

4 — Un Groupe **Cléopâtre morte.**
Demi-nature.

CLÉSINGER

5 — Un Buste **Danseuse.**
Grandeur demi-nature.

CLÉSINGER

6 — Un Buste **Femme aux lierres.**
Grandeur demi-nature.

CLÉSINGER

7 — Un Buste **Danseuse.**
Grandeur demi-nature.

CLÉSINGER

8 — Un Buste **Judith.**

Grandeur deux tiers nature.

CLÉSINGER

9 — Un Buste **Mai.**

Grandeur demi-nature.

CLÉSINGER

10 — Un Buste **Faunesse.**

Grandeur demi-nature.

FALGUIÈRE

11 — Un Groupe **Daphnis** et **Chloé.**

Grandeur du modèle.

FALGUIÈRE

12 — Une Statue **Élégie.**

Grandeur du modèle.

D'APRÈS L'ANTIQUE

13 — Une Statue **Vénus pudique.**

Grandeur nature.

COPIE D'ANCIEN

14 — Un Buste **Jeune Garçon.**

Grandeur de l'original.

SCULPTURE EN BOIS

FALGUIÈRE

15 — Une Statuette **La Source.**

Sculptée en buis.

Sur socle en acajou.

BRONZES

STATUES, STATUETTES, GROUPES ET BUSTES

16 — Une Statue **Frileuse.**

Grandeur nature.

Bronze médaille.

Emile CARLIER.

17 — Une Statuette **Femme piquée.**

Demi-nature.

Bronze médaille, embase marbre rouge.

CLÉSINGER.

18 — Une Statuette **Lucrèce mourante.**

Bronze médaille

CLÉSINGER.

19 — Une Statuette **Galathée**.

Réduction.

Vieil argent.

FALGUIÈRE.

20 — Une Statuette **Arlequin.**

N° 2.

Bronze vert.

E. CARLIER.

21 — Une Statuette **Arlequin.**

N° 2.

Bronze et or.

E. CARLIER.

22 — Figure **Torchère au Gaz.**

Grandeur de la figure, deux tiers nature.

Fonte de fer, sur socle.

23 — Une Statuette **Marguerite à l'Église.**

N° 2.

Vieil or.

FALGUIÈRE.

24 — Une Statuette **Cléopâtre.**

N° 4.

Bronze vert.

Sur socle.

CLÉSINGER.

25 — Un Groupe **Hibou sur Tortue.**

N° 3.

Bronze vieil argent.

CLÉSINGER.

26 — Un Groupe **Léda et Cygne.**

Bronze médaille.

Grandeur demi-nature.

CLÉSINGER.

27 — Un Groupe **Diane au repos.**

Bronze médaille.

CLÉSINGER.

28 — Un Groupe **Charmeuse.**

Bronze médaille.

CLÉSINGER.

29 — Un Groupe **Héro.**

Bronze médaille.

DUMAIGE.

30 — Un Groupe **Vénus accroupie.**

Bronze vert.

31 — Un Groupe **Femme à la pomme.**

Vieil or.

Mme Léon Bertault.

32 — Un Groupe **Femme à la pomme.**

Vieil argent.

Mme Léon Bertault.

33 — Une paire de Statuettes **Hyménée.**

Bronze vieil argent.

Sur socle en bronze vieil argent.

Mme Léon Bertault.

34 — Une paire **Enfants frileux**

Vieil or.

Sur marbre rouge.

D'après l'Ancien.

35 — Une paire de Statuettes **Paysan** et **Paysanne.**

Vieil argent.

Sur marbre rouge.

Mme Léon BERTAULT.

36 — Un Buste **Hélène**.

Grandeur nature.

Bronze médaille.

CLÉSINGER.

37. — Un Buste **Pâris.**

Grandeur nature.

Bronze médaille.

CLÉSINGER.

38 — Un Buste **Judith.**

Grandeur nature.

Bronze médaille.

CLÉSINGER.

39 — Un Buste **Hélène.**

Grandeur nature.

Bronze médaille.

CLÉSINGER.

40 — Un Buste **Danseuse.**

Grandeur nature.

Bronze médaille.

CLÉSINGER.

41 — Un Buste **Jeunesse.**

Grandeur nature.

Bronze médaille.

CLÉSINGER.

42 — Un Buste **Femme aux lierres.**

Grandeur nature.

Bronze médaille.

CLÉSINGER.

43 — Un Buste **Pâris**.

Grandeur nature.

Bronze médaille.

CLÉSINGER.

44 — Un Buste **Christ** (Dernier Soupir).

Grandeur nature.

Bronze médaille.

CLÉSINGER.

45 — Un Buste **Femme aux lierres**.

Grandeur nature.

Bronze médaille.

CLÉSINGER.

46 — Un Buste **Ophélie**.

Grandeur nature.

Vieil or.

47 — Un Buste **Rose de Mai**.

Grandeur nature.

Vieil or.

H. Dumaige.

48 — Buste **Sommeil**.

N° 7.

Or et argent.

Clésinger.

Buste **Mai**.

N° 7.

Or et argent.

Clésinger.

49 — Buste **Sommeil**.

N° 7.

Or et argent.

Clésinger.

Buste **Mai**.

N° 7.

Or et argent.

Clésinger

50 — Un Buste **Femme aux lierres.**

N° 7.

Or et argent.

Colonne guirlande.

CLÉSINGER.

Un Buste **Jeunesse.**

N° 7.

Or et argent.

Sur marbre rouge.

CLÉSINGER.

51 — Un Buste **Danseuse.**

N° 7.

Or et argent.

Sur marbre rouge.

CLÉSINGER.

52 — Un Buste **Pâris.**

N° 7.

Or et argent.

Colonne guirlande.

CLÉSINGER.

Un Buste **Hélène.**

N° 7.

Or et argent.

Sur marbre rouge.

CLÉSINGER.

53 — Un Buste **Christ** (Dernier Soupir).

N° 7.

Vieil argent.

Socle gothique.

CLÉSINGER.

54 — Un Buste **Pâris.**

N° 4.

Vieil argent.

Sur marbre rouge.

CLÉSINGER.

Un Buste **Mai.**

N° 4.

Vieil argent.

CLÉSINGER.

55 — Un Buste **Femme aux lierres.**

N° 4.

Vieil argent.

Socle bleu-turquin.

CLÉSINGER.

Un Buste **Danseuse.**

N° 4.

Vieil or.

Socle marbre rouge.

CLÉSINGER.

56 — Un Buste **Femme à la rose.**

N° 4.

Bronze médaille.

Socle bleu-turquin.

Gaesinger.

GARNITURES DE CHEMINEES, MIROIRS COLONNES, ETC.

57 — Une **Garniture de cheminée**, composée de :

Une **Pendule** Chimère chinoise.

Marbre noir, garniture bronze frotté.

Une paire de **Candélabres** d'accompagnement.

58 — Une **Garniture de cheminée**, composée de :

Une **Pendule** Renaissance.

Émail bleu, garniture demi-mat.

Une paire de **Vases** d'accompagnement.

59 — Une **Garniture de cheminée**, composée de :

Une **Pendule** chinoise Chimère.

Marbre noir, garniture bronze frotté d'or.

Une paire de **Candélabres-Vases** d'accompagnement.

60 — Une **Coupe** ovale Têtes de bélier.

Marbre rouge, demi-mat.

Une paire de **Candélabres**, Têtes de bélier, d'accompagnement.

61 — Une **Garniture de cheminée**, composée de :

Une **Pendule** boule et Amours.

Une paire de **Candélabres** d'accompagnement.

Une paire de **Chenets** d'accompagnement.

62 — Une **Pendule** Calendrier.

Cuivre poli.

63 — Un **Socle** Guirlande de lierres

N° 2.

Pour buste demi-nature.

64 — Un **Socle** Louis XVI, marbre vert.

Guirlande de lierres.

Bronze doré.

65 — Un **Miroir,** émaux de Limoges.

Garniture bronze, dorée au mercure.

66 — Un **Miroir** Louis XVI. Enfant, escarpolette. Boite à poudre.

Décor or et argent.

67 — Un **Miroir** Centaures.

Bronze poli.

68 — Une paire de **Colonnes** Louis XVI. Bois noir.

Garniture vieil or.

69 — Une **Colonne,** marbre jaune de Sienne et rouge Antique.

70 — Une **Console** Louis XIV.

Bronze vert et or.

71 — Une **Jardinière** Louis XVI, bas-relief.

Vieil argent.

LUSTRES, LAMPADAIRES, TORCHÈRES BRAS ET LAMPES

72 — Un **Lustre** Renaissance, quinze lumières.

Cuivre jaune et rouge poli

73 — Une **Suspension** Louis XVI, neuf lumières.

Bronze doré.

74 — Une **Suspension** grecque.

Bronze médaille.

75 — Une paire de **Lampadaires** grecs.

Bronze vert.

76 — Une **Torchère,** pour éclairage de tableaux, avec réflecteur.

Décor bronze vert.

77 — Une Paire de **Bras** Louis XIII. Lampe-boules.

Nickelés.

78 — Une **Applique** Maintenon, trois lumières, à glace.

Bronze poli.

79 — Une paire de **Bras** Louis XIII, six lumières, platinés.

80 — Deux paires de **Bras** Phœbus.

Bronze vert.

81 — Une paire de **Lampes** Louis XIII.

Bronze nickelé.

82 — Une paire de **Lampes,** émail cloisonné du Japon.

Garniture vieil or.

83 — Une **Lampe,** porcelaine de Chine.

Décor Dragon rouge, or.

84 — Une paire de **Lampes,** émail cloisonné de Chine, fond rouge.

Monture, Têtes d'éléphant

85 — Une paire de **Lampes** Renaissance Carillon.

Nickel et or.

86 — Une paire de **Lampes** Renaissance.

Nickel et or.

87 — Une paire de **Lampes** Renaissance. boule.

Décor platine et or.

88 — Une paire de **Lampes**. Têtes de bélier.

Or et argent.

89 — Une **Lampe** seule, Vase Raisin.

Argent et or.

90 — Une paire de **Lampes** Louis XIV.

Bronze poli.

92 — Une paire de **Bouts-de-Table** Louis XVI, 2 lumières.

Demi-mat. Bustes.

93 — Une paire de **Bouts-de-Table** Louis XVI, 2 lumières.

Demi-mat.

94 — Une **Veilleuse** mauresque, onyx.

Argent et or.

COUPES, PORTE-BOUQUETS, BAGUIERS ENCRIERS, ETC.

95 — **Coupe** trois Hérons, onyx.

Vieil argent.

96 — Un **Porte-Allumettes** Coq et Poule.

Bronze médaille.

97 — Un **Baguier** coquille Dauphin.

Bronze oxydé.

98 — Un **Baguier** coquille Dauphin.

Or et argent.

99 — Un **Baguier** Palmettes.

Émail fond jaune.

100 — Un **Baguier** buste Ariane.

Argent et or.

101 — Un **Brûle-Parfums.** n° 3.

Vieil or.

Un **Baguier** trépied.

Vieil or.

102 — Une **Coupe** onyx pied, trois Hérons.

Vieil argent.

Une **Coupe** Satzuma. Têtes d'éléphant.

Vieil or.

103 — Une **Coupe** onyx, trois Dauphins.

104 — Une paire de **Porte-Bouquets**, trois Hérons.

Décor vieil argent.

105 — Une paire de **Porte-Bouquets** Louis XVI.

Bronze doré, demi-mat.

106 — Une paire de **Porte-Bouquets** Louis XVI.

Bronze, or et argent.

107 — **Encrier** Turquoise.

Porcelaine.

108 — Un **Encrier** porcelaine turquoise.

Deux anses demi-mat.

109 — Un **Encrier** Enfants, porcelaine turquoise.

Demi-mat.

110 — Un **Encrier** onyx, deux Enfants.

Or mat.

111 — Un **Encrier** trois Godets Louis XVI.

Bronze brique.

112 — Un **Encrier** Chimères.

Demi-rouge poli.

113 — Un **Encrier** gothique.

Demi-rouge poli.

114 — Un **Encrier** Satzuma.

Garniture bronze fumé.

115 — Une **Sonnette** Sphynx.

Bronze, or et argent.

116 — Une **Sonnette** Sphynx.

Vieil argent.

117 — Un **Calendrier** Turquoise.

Porcelaine.

118 — Un **Bougeoir**.

Émail fond jaune.

119 — Deux **Soucoupes** bleues, fond blanc.

Une **Bouteille** faïence fond gris.

Pour lampes.

120 — Un **Plateau** oriental.

Décor vieil argent.

ÉMAUX CLOISONNÉS

MONTÉS ET NON MONTÉS

JARDINIÈRES, GUÉRIDON, FLAMBEAUX CANDÉLABRES, COUPES ET DIVERS

121 — Une paire de grandes **Jardinières** basses.

Émail cloisonné de Chine.

Décor vieil or.

122 — Une paire de grandes **Jardinières.**

Émail cloisonné de Chine, sur pieds bambou.

123 — Une paire de **Jardinières** ovales.

Émail cloisonné de Chine, fond bleu à fleurs.

124 — Une **Jardinière** ronde.

Émail cloisonné de Chine bleu.

125 — Une paire de **Jardinières**.

Émail cloisonné Chine, fond bleu, à oiseaux.

126 — Une paire de **Jardinières** cloisonnées.

Vieux Chine, double losange.

127 — Une **Jardinière** Papillons, six pans, niellée.

128 — Une **Jardinière** carrée à Chimères.

Or et argent.

129 — Une **Jardinière** carrée.

Porcelaine de Chine vert clair.

130 — Une **Jardinière** ronde.

Bronze chinois.

131 — Une **Jardinière**.

Bronze.

132 — Une **Jardinière** rectangulaire.

Porcelaine de Chine.

133 — Une paire de petites **Jardinières** rondes.

Cloisonné chinois.

134 — Un **Guéridon** émail cloisonné de Chine, fond blanc.

Garniture vieil or.

135 — Une paire de **Candélabres** Pagode.

Décor vieil or.

136 — Une paire de **Candélabres** chinois carrés.

Décor vieil or.

137 — Une grande **Coupe** émail cloisonné du Japon.

Monture bambou.

Vieil or.

138 — Une **Coupe** porcelaine de Chine.

Anses Dragon, bronze doré.

139 — Une paire de **Coupes** émail cloisonné de Chine.

Anses Dragon, bronze doré.

140 — Un **Plat** Persan.

Émail français.

141 — Une paire de **Vases**, Balustres droits.

Émail cloisonné de Chine, fond noir.

142 — Une paire de **Plaques**.

Émail cloisonné de Chine.

Cadres bronze doré au mercure.

143 — Une paire de **Pigeons** cloisonnés Chine, fond bleu.

144 — Un **Éléphant** blanc.

Émail cloisonné chinois.

145 — Une paire de **Pigeons.**

Émail cloisonné de Chine, fond bleu.

146 — Une paire de **Perdrix.**

Émail cloisonné de Chine, fond violet.

147 — Une paire de **Cavaliers.**

Bronzes anciens.

148 — Une paire de **Perdrix** Violettes.

Émail cloisonné de Chine.

149 — Une paire de **Perdrix.**

Émail cloisonné de Chine (brun clair).

150 — Une paire de **Bateaux.**

Émail cloisonné de Chine.

151 — Deux petites **Boîtes** rondes.

Émail cloisonné de Chine.

152 — Une paire de **Buires** Raisins.

Vieil argent.

DIVERS

153 — Une paire de **Vases** Tragiques.

Bronze vert.

154 — Une paire de **Vases** Combat de Coqs. n° 2.

Bronze vert.

155 — Une paire de **Bouteilles,** verre fumé, gouttes jaunes chinées.

Garniture bronze fumé frotté.

156 — Une paire de **Coupes** Pensées.

Argent et or.

157 — Une **Coupe,** marbre noir.

Médaillon doré.

158 — Une **Coupe,** émail cloisonné français. Fond blanc.

Vieil or.

159 — Un **Vase** carré.

Vieil argent.

Une **Coupe** émail cloisonné français, Têtes d'éléphant.

Vieil argent.

160 — Une paire de **Vases** Vannerie.

Vieil or.

161 — Un **Cercle** en verre, par Brocart, pour lustre.

Bronze doré.

162 — **Divinité** assise, le pied sur une Tortue.

Bronze chinois.

163 — **Divinité** assise, Tortue entre les jambes.

Bronze chinois.

164 — **Divinité** assise, portant une Couronne.

Bronze chinois.

165 — **Divinité.**

Bronze chinois.

166 — **Divinité.**

Bronze chinois.

167 — Un **Bas-Relief.**

Bronze chinois.

168 — Un **Bas-Relief.**

Bronze chinois.

169 — Une paire de **Cornets.**

Bronze chinois ancien.

170 — Une **Perdrix** et **son petit.**

Bronze chinois.

171 — Une **Gourde.**

Bronze chinois, niellé.

172 — Une paire de **Vases chinois.**

Bronze incrusté.

173 — Un **Schibachi.**

Bronze chinois ancien.

174 — Un petit **Vase** en porcelaine de Chine.

Garniture en bronze doré.

175 — Un petit **Vase** en porcelaine de Chine.

Garniture en bronze doré.

176 — Un petit **Vase** en porcelaine de Chine.

Garniture en bronze doré.

177 — Quatre **Jardinières** en porcelaine de Chine, carrées.

Fond vert clair. S'emboîtant.

178 — Un **Vase** de Chine Médicis.

Fond jaune.

179 — Une **Potiche** en porcelaine de Chine, sur pied bas.

180 — Un **Plateau** à pans, vieux Chine.

Garniture bronze, bambou, vieil or.

181 — Une **Boîte** carrée.

Bois et bronze du Japon.

182 — Deux grands **Plats** en bois, incrustés ivoire.

183 — **Divinité.**

Bois sculpté.

TABLEAUX

CLÉSINGER

184 — **Campagne de Rome.**

Haut. 0^m85, long. 1^m62.

CLÉSINGER

185 — **Campagne de Rome.**

Haut. 0^m72, long. 1^m67.

MOULLION

186 — **La Plage.**

Haut. 0^m58, long. 0^m98.

MOULLION

187 — Le **Retour des Pêcheurs.**

Haut. 0^m58, long. 0^m98.

ANCIEN

188 — **Amour** et **Psyché.**

Haut. 0^m83, long. 1^m25.

Ve Renou, Maulde et Cock, impres de la Compagnie des Commissaires Priseurs, rue de Rivoli, 144. 42528

www.ingramcontent.com/pod-product-compliance
Ingram Content Group UK Ltd.
Pitfield, Milton Keynes, MK11 3LW, UK
UKHW032005260826
14628UKWH00005B/2291

9 782329 503325